A Hipo
no del

4-24-09

TOMÁS PEÑA RIVERA

UNA PEÑA

EN LA

RIBERA

(PRESENCIA DE UN FUTURO AYER)

Books

Managing Editors: Manuel Alemán and Estela Serafini
Designer: Ricardo Potes Correa

Published in the United States by CBH Books.
CBH Books is a division of Cambridge BrickHouse, Inc.

Cambridge BrickHouse, Inc.
60 Island Street
Lawrence, MA 01840
U.S.A.

ISBN 978-1-59835-092-0
Library of Congress Control Number: 2008943176

First Edition
Printed in Canada
10 9 8 7 6 5 4 3 2 1

NON NOVA

SED NOVE

Aprender es descubrir lo que ya sabes.
Hacer es demostrar lo que ya sabes.
Enseñar es recordar a otros que saben tanto como tú.
Todos somos aprendices, hacedores y maestros.

—Richard Bach

No creo que el arte sea un simple espejo de la realidad
sino una creación en el sentido más estricto de la palabra.
El poeta no hace más que taladrar lo que los demás
están sintiendo: la pasión amorosa, el odio, el engaño,
la soledad... tiene la capacidad y el privilegio de encerrar
todo eso en palabras. El que no es poeta lee y siente esa
emoción y ese momento contribuye a que esa poesía
exista. Si no hay lector, no hay poesía.

—Ali Chumacera en entrevista con Javier Galindo Ulloa;
"El Financiero de México"

El poeta es un donador de sangre
al hospital de las palabras.

—Lucian Blaga

Agradecimiento profundo

Al Club de Lectura en español
de la ciudad de Providence, Rhode Island,
por retornarme a las letras.
A todos sus miembros que son como mi
segunda familia.

Gracias

Dedicatorias

A mi hermano Ramón (Panqui)
no por ser mi hermano, sino porque lo ha sido.

A usted que nació con nombres confundidos
por haber compartido el mismo ombligo;
no sé qué nombre usted prefiere,
le pertenece ya el que tiene.
Porque madre no es un nombre,
ni el nombre es una madre.
Usted se llama
MAMÁ,
mi
mamá.

A mi padre, el ser humano que más me quiso.

A mis hijos, los seres humanos que yo más quiero:
Tomás Ernesto, Francis Eduardo y Sebastián
quienes han heredado la suerte de tener una madre que
deja de comer por alimentarlos, de vestir por darles abrigo.

Índice

INTRODUCCIÓN

Ser, el más esencial de todos los verbos, verbo auxiliar y verbo sustantivo: Ser Supremo, ser vivo, ser humano. El verbo básico para iniciar el aprendizaje de cualquier idioma: To be, être. Cuán famoso ha sido Shakespeare con su frase: " To be or not to be" (Ser o no ser) en su obra Hamlet, príncipe de Dinamarca. Ese mismo verbo es utilizado por Shakespeare en su obra Otelo, cuando su personaje, Lago, utiliza la frase: "I am not what I am".

Este verbo no deja de ser confuso y filosófico, pero antiguo, mucho más antiguo que Shakespeare; ya Poncio Pilato le preguntó al mismo Cristo si era el hijo de Dios y Cristo le contestó: "Yo soy el que soy".

Una de mis canciones favoritas interpretadas por el español Víctor Manuel, dice: "Como fuego abrazador / siempre quise ser el que no soy".

Recuerdo cuando reinicié mis estudios superiores, después de abandonarlos por un largo tiempo. Ingresé a la Universidad Católica Santo Domingo y en el día de bienvenida y orientación estudiantil escuché al Padre Rector de la universidad, Dr. Ramón Alonso, decir estas palabras: "No tiene mérito ser ni bestia, ni piedra, ni ángel, pero tiene mérito ser hombre; porque la bestia es lo que es, la piedra es lo que es, el ángel es lo que es, pero el hombre tiene que llegar a ser".

Yo siempre he sido un amante de las palabras. Me gusta desarmarlas para después volver a armarlas y amarlas. Buscarle el sin sentido a sus sentidos. He colocado en estas páginas frases célebres, citas de grandes personajes y proverbios para que adornen mis palabras en papel.

Solo me queda pedir disculpas por tratar de ser lo que soy.

Si ustedes me preguntan qué es mi poesía debo decirles no sé, pero si interrogan a mi poesía, ella les dirá quién soy yo.

—Pablo Neruda

Si quieres hallar en cualquier parte amistad, dulzura y poesía; llévalas contigo.

—George Duhamel

MI MEJOR POEMA

No lleva ropa
para no morir con la moda,
no tiene rostro
para no envejecer con el tiempo,
está escondido
para no ser leído
porque es aburrido,
sin sentido y mal escrito,
pero es inmensamente mío,
mío, mío, solo mío.

Yo lo he creado
pero él me ha transformado,
es mi única pertenencia
pero me llena de riquezas.

EL MUNDO EN SERVILLETA

Anoche escribí un poema en una servilleta
pero la perdí y olvidé sus letras;
sé que el tema era la vida,
sus penas, quejas y alegrías.

Mientras mi compañera cenaba y se aburría
yo estaba sumergido en mi frenética utopía
buscando en palabras
la panacea de la vida.

Como si papel y tinta fueran suficientes
para alimentar a los indigentes.

No sé qué pasó con la servilleta,
tal vez mi compañera la tiró en la cubeta.
¡Oh no, ya sé cómo la perdí!
Estaba resfriado y me soné la nariz.

Todas las teorías son legítimas y ninguna tiene importancia.
Lo importante es lo que se hace con ellas.
—Jorge Luis Borges

Quien lee solo lo que le gusta nunca está informado.
—Aldo Camman

Todas las pasiones son buenas cuando uno es dueño de ellas
y todas son malas cuando nos esclavizan.
—Rousseau

QUIÉN

Si la vida fuera un cuento de hadas
donde siempre gana la bondad
y pierde la maldad;
donde en el gran final
el bueno va a ganar,
entonces hay que tener bien claro
quién es el bueno y quién el malo.

¿El bueno quién será?
Aquel que cree en Jehová
o el que respira por Alá,
el que reza para matar
o el que mata
y después va a rezar;

depende de quién escriba el cuento,
de quién añada al argumento,
de quién cuente la historia
o de quién manipule las memorias.

Porque ser bueno o ser malo
parece ser un concepto creado
que siempre estará de nuestro lado.

Mantén tus ojos en las estrellas y tus pies en la Tierra.
—Theodore Roosevelt

Soñar en teoría es vivir un poco, pero vivir soñando
es no existir.
—Jean Paul Sartre

Se debe tener como compañera a la fantasía.
Pero se debe tener como guía a la realidad.
—S. Johnson

Es más fácil matar una ilusión
que resucitar una esperanza.
—Paco Ignacio Taibo

CEMENTERIO DE SUEÑOS

Todos llevamos un cementerio de sueños,
algunos enterrados y olvidados,
otros pura y simplemente
quisieran resucitar de la muerte;

de lo que quise ser y no pude,
de lo que quise obtener y no obtuve,
el poder volar en la infancia
está sepultado sin ninguna importancia;
ser astronauta, policía o bombero
eso solo sabe el sepulturero;
ser artista o poseer una fortuna
están en procesión hacia la luna.

Muchos en fosas comunes
sin ninguna visita de lunes a lunes,
sin lápida ni epitafio,
sin tachas en el calendario.
Pero aun moribundo existe un sueño:
llegar a ser tu dueño.

Trato lo más que puedo
de sepultar ese recuerdo
pero siempre en el último momento
noto un hálito de aliento.

Me aconsejan que le aplique la eutanasia,
que prolongar su vida es solo una desgracia,
mas no tengo potestad para eso
porque su muerte es mi deceso.

Hasta en las flores existe la diferencia de suerte.
Unas embellecen la vida y otras adornan la muerte.
—Héctor Góngora

Si supiera que el mundo se acaba mañana,
yo, hoy todavía plantaría un árbol.
—Martin Luther King Jr.

Todos estamos en la fila delante de la muerte,
felizmente, no sabemos en qué lugar de la fila.
—Ernest Black

Todos somos aficionados.
La vida es tan corta que no da para más.
—Charles Chaplin

BOLETO DE IDA Y VUELTA

Me dieron dos boletos
sin alinearme en la fila
sin pedirlos siquiera;
el primero lo usé
cuando vine a la vida,
el segundo lo tengo
para mi viaje de ida,

sin necesidad de equipaje
sin fecha de viaje
no especifica el asiento
no es transferible el boleto.

No sé si es en barco, avión o tranvía
si en la madrugada, la noche o el día,
pero es un impostergable viaje de regreso
a un lugar que no recuerdo.

A veces quisiera usarlo enseguida,
otras tantas, temo a la partida.

¿Cómo debo estar presentado?
Con ropa fina y bien planchado
o en puras pelotas sin estar arreglado.

¿Qué debo llevar cuando me vaya?
Lo mismo que traje cuando llegué.

Si una sociedad libre no puede ayudar a sus muchos pobres,
tampoco podrá salvar a sus pocos ricos.
—John F. Kennedy

Seamos esclavos de las leyes
para poder ser amos de nuestra libertad.
—Cicerón

No entres donde libremente no puedas salir.
—Mateo Alemán

La libertad es el derecho de escoger a las personas
que tendrán la obligación de limitárnosla.
—Harry Truman

La disciplina sin libertad es tiranía;
la libertad sin disciplina es caos.
— Cullen Hightower

Ser libre obliga a dejar en libertad a los demás.
—Anónimo

La libertad significa responsabilidad, por eso,
la mayoría de los hombres le tiene tanto miedo.
—George Bernard Shaw

Un hombre sin restricciones es como un barril sin aros
que rueda y se hace pedazos.
—Henry Ward Beecher

La verdadera libertad consiste
en el dominio absoluto de sí mismo.
—Michel de Montaigne

Los que niegan libertad a los demás
no la merecen ellos mismos.
—Abraham Lincoln

Toda sociedad que pretenda asegurar a los hombres la
libertad, debe empezar por garantizarles la existencia.
—Leon Blum

Nos creemos libres cuando damos más órdenes
de las que recibimos.
—Marcel Jullien

Nadie puede ser perfectamente libre
hasta que todos lo sean.
—Herber Spencer

No hay animal tan manso que atado no se irrite.
—Concepción Arenal

El hombre libre es el que no teme ir
hasta el final de sus pensamientos.
—Leon Blum

Las cadenas de la esclavitud solo atan las manos;
es la mente lo que hace al hombre libre o esclavo.
—Franz Grillparzer

LA LIBERTAD

¡Libertad, libertad, libertad!
No sé si eres mito o realidad
o simplemente sueños de la pubertad.

¿Para qué sirves si se tiene hambre?
¿Para qué sirves si no se tiene a nadie?
Libertad de hacer o de ser
pero no eliges donde nacer,
libertad para poder elegir
pero no eliges nacer o morir.

Muchos quisieran la libertad del viento
y a lo mejor él quiere estar quieto
en cualquier punto o lugar
donde alguien lo pueda abrazar.

¡Libertad!
De sentir orgullo del lugar que te vio nacer
pero con la libertad de no volver;
libertad para poder apresar,
libertad para poder andar.

¡Libertad!
Simbolizada por una bandera ondeando al viento
sin importar que la mayoría se ahogue en sufrimiento;
libertad de dejar tus padres lejos
y después volver para pedir consejos.

Libertad de ir a la izquierda,
libertad de girar a la derecha,
después encontrar el remedio
plantándose en el mismo medio.

Libertad de divagar y equivocarte
sin ver el derecho de tu contraparte.

¡Libérame, libertad!
No quiero estar preso en tu soledad.

EL DESIERTO

Hace falta aire para vivir,
alimento para subsistir,
pero de ti necesito,
para saber que existo,
de tu aliento
para sentirme vivo.

Desde que te fuiste,
toda canción suena triste,
el mundo color de rosas
lo empacaste entre tus cosas
y todos los días felices
se inundaron de nubes grises.

¿Dónde estás oasis mío?
¿Dónde están las palmeras y la brisa
que se llevaban todo este hastío
refrescando mi piel con tu risa?

Grito tu nombre a cielo abierto,
pero es tan grande este desierto,
que solo veo los espejismos
del gran amor que antes fuimos.

Todas mis esperanzas están en mí.

—Terencio

Todo lo que das a otro te lo estás dando a ti mismo.

—Anthony de Mello

DESEO DE PASCUA

¡Ojalá! las luces de la Navidad
no se apaguen en sus corazones,
para iluminar siempre las ilusiones
y mantener blanca la oscuridad.

¡Ojalá! que cuando pase diciembre
la Navidad se quede por siempre,
que nunca falte la Noche Buena
que todas las mesas tengan cena.

La memoria es el único lugar
del que no podemos ser expulsados.
—Jean Paul Richter

MI TIERRA, MI UNIVERSO

Si sus ojos fueran mis lunas
y su sonrisa el sol que me ilumina,
yo le aseguro mujer divina
que viviría en la intemperie noche y día;

si sus senos fueran mis montañas,
yo los escalaría cada mañana,
para desde arriba sentir el suave viento
que va surgiendo de su fresco aliento;

y después recorrer beso a beso
cada galaxia de su universo
y sin gravedad en el espacio
contar cada poro bien despacio;

y producir un eclipse de luna
para nadar en su tibia laguna
para así despertar el volcán dormido
que va erupcionando con mis latidos
y brotarán ardientes lavas de cariño
para esperar con amor el Fenómeno del Niño;

Sembrar amor en cada punto cardinal
y así desacelerar el calentamiento global.
La atmósfera se llenará de aire puro
cuando hagamos el amor sin apuros
para que surja vida nueva
yo seré Adán y tú serás Eva.

No hay viento favorable para el que no sabe a dónde va.

—Séneca

NUEVAS TIERRAS

A conquistar sus tierras
me embarqué en mis carabelas
y entre el inmenso mar y cielo
navegué sus ojos y su pelo.

Caí perdido en el abismo
de su ombligo
pero guiado por el cantar
de sus respiros
encontré la ruta en el umbral
de sus oídos.

Deslumbrado
por la belleza de sus labios
proclamé su cuerpo
terreno conquistado;

colonizaré cada metro de su cintura,
sembraré mi lengua y toda mi cultura,
tendré su voz como mi himno
y su cuerpo será todo mi destino.

En los bordes de su piel
levanto mi frontera,
asentando mi capital
en las líneas de su cadera;
desde allí contemplo el asta
donde cuelga mi bandera
su largo cuello
y su hermosa cabellera.

PERMISO

Te doy permiso
para que con tu cuerpo
llenes este hueco;
con tus palabras,
mi silencio.

Te doy entrada
en lo más hondo de mi alma
para que tu ardiente llama
acabe con mi calma.

Entra sin tocar la puerta,
para ti siempre está abierta,
no necesitas llave
ni ninguna clave.

Entra, cierra la puerta,
deja el mundo afuera;
entra con toda tu locura
e inunda mi cordura.

Saca mis pasos firmes de la tierra
y llévame a buscar estrellas;
empuja la inercia de mi vida
al mar de tu alegría.

Súbete a mi barca,
levanta el ancla
que me mata,
que me estanca;

aduéñate de mí
sin permiso,
cuando quieras y
sin ningún aviso.

Hay razones del corazón que la razón no entiende.

—Jean Paul Sartre

EL HURTO

Si un día ante el espejo
no notas tu reflejo,
no temas, yo lo tengo
en el baúl de mis anhelos.

Si no puedes decir tu nombre,
es porque lo llevo en mi pecho
encerrado en un sobre.

No necesito magia,
tampoco abracadabras
para romper la distancia
y hurtar tus palabras.

Si buscas tu sombra
encuéntrala en mi alcoba
plasmada sobre mi alfombra.

Cuando el robo se descubra
me ampararé en la locura,
me podrán extirpar la lengua
y aún diré tu nombre sin tregua.
Podrán sacarme los ojos,
llevarme lejos de aquí
y por olfato sabré llegar a ti.

Porque no necesito ojos
para ver tu rostro
ni oídos
para escuchar tu voz,

ni que estés presente
para poseerte,
porque todo
lo puedo con la mente;
con ella te robé,
con ella te amaré
hasta la muerte.

Muchas personas pierden las pequeñas alegrías
esperando la gran felicidad.
—Pearl S. Buck

Todo el mundo aspira a la vida dichosa, pero nadie sabe en
qué consiste.
—Séneca

La verdadera felicidad no consiste en tenerlo todo,
sino en no desear nada.
—Séneca

EL JUGADOR

La ruleta va dando vueltas,
sobre ella las apuestas,
cada cual buscando suerte
en fechas de nacimientos
y de muerte.
Yo jugué las fechas
de mi padre, mis hijos y mi madre,
pero no encontré la forma
de contener mi sangre;

ya con pocos centavos
me moví a los caballos
Perla Fina en la primera.
¡Está segura la carrera!
Pero Mala Suerte no da tregua
y ha ganado la carrera.

¡Ay mis chavos, maldita yegua!

Así me paso la vida
buscando suerte en la lotería,
en busca de más,
perdiendo lo que tenía,
tirando dados,
ligando cartas,
con los ojos cansados
y las manos atadas.

REFUGIO

No me quieras porque te quiero,
no me ames porque te amo,
hazlo cuando lo sientas,
eso se nota aunque lo pretendas.

No te refugies en mí
para ser infeliz,
no te quieras albergar
para otro olvidar,
no ates tu corazón
por simple compasión,
más vale quebrar una ilusión
que vivir un amor sin pasión.

EL MUNDO SEGÚN MIS OJOS

Son figuras blancas en el aire,
azul violento en los bordes
azul calmado en las alturas,
es verde que te rodea,
amarillo que te quema.

El mundo según mis ojos
es rojo que circula,
cristal que da vida
pero, ¿qué es el mundo para ti
que no distingues los colores?

El mundo según mis manos
es intenso amor de madre,
es el abrazo de mi hermano.

El mundo según mi tacto
tiene el color del viento
y la transparencia del agua,
esos son los colores
que tocan mi alma.

La integridad es hacer lo correcto
aunque nadie nos esté mirando.
—Jim Stovall

SUPERHÉROE

No derramaste una gota de sangre,
ninguna patria liberaste,
no hay calle que lleve tu nombre
ni estatua de bronce o cobre.

No te honra plaza o avenida
solo las venas de mi vida.
Ningún libro recopila tus memorias
tampoco fábula alguna exagera tu historia.

No tenías boina ni barba
para imitar al Che Guevara,
no tenías capa que te colgara
ni antifaz sobre tu cara.

No dirigiste ninguna armada
o cargaste el mundo a tu espalda
pero fuiste capaz de ser un héroe
sin encontrar un continente.

Simplemente fuiste grande
por ser un buen padre,
pero como todo héroe
no se reconoce lo que eres
hasta que te mueres.

Lo siento, PAPÁ.

CONVERSACIÓN CON EL "TE QUIERO", SENTIMIENTO ENCARCELADO

Aquel "te quiero" que nunca liberé,
hoy me pregunta el porqué;
por qué lo dejé pudrirse encarcelado
sin escuchar sus recursos y reclamos;
reclamos de justicia y equidad,
denegación de justicia y libertad.

Ahora me indultas, viejo y abatido,
para caminar sin rumbo y sin sentido.
¿Por qué esos años de prisión?
¿Cuál fue el motivo de tanta represión?

Muchas veces apelé a tu compasión
y elevé recursos de revisión,
pero eras juez y parte
y nunca viste las atenuantes.

Perdona, "te quiero", mi sentencia,
esta estuvo basada en la demencia;
pensé que era pura rebeldía
decirle cuánto la quería.

Perdona todos los desacatos,
mi sordera a tus alegatos,
aunque siempre mi conciencia
me pedía revocar la sentencia.

Sé que te causó una gran pena,
porque era mutua nuestra condena
y en todos mis años de prisión
de compañero tuve a tu corazón.

Siempre es el momento adecuado para hacer lo correcto.
—Martin Luther King Jr.

FOR MY DAD

Una vez mi padre fue al Monte de PieDAD
para empeñar su digniDAD,
pero el empleado con mucha cruelDAD
le dijo eso no vale na,
pero como estaba en necesiDAD
fue en busca de otra oportuniDAD,
entró en una vieja tienda,
el dueño se rió y le dijo
eso vale mi...

Acostumbrarse es otra forma de morir.
—Dulce Chacón

La luz necesita de la oscuridad para poder brillar.
—T. P. R.

OSCURIDAD

La noche se marchó,
pero olvidó su oscuridad;
la dejó tendida en mi playa
para que el sol no alumbre más.

Se llevó la luna y las estrellas,
pero dejó su inmensa oscuridad
para que ni la sombra se refleje
y sienta más la soledad.

Solo me queda cerrar los ojos
para olvidar que estoy en la
parte oscura de tu memoria.

Hice un acuerdo de coexistencia pacífica con el tiempo;
ni él me persigue ni yo huyo de él, un día nos encontraremos.
—Mario Lago

El tiempo es muy lento para los que esperan;
muy rápido para los que tienen miedo;
muy largo para los que se lamentan;
muy corto para los que festejan.
Pero para los que aman, el tiempo es eternidad.
—William Shakespeare

Todo el mundo quisiera vivir largo tiempo,
pero nadie querría ser viejo.
—Madame Swetchine.

Mi mejor edad es la que estoy viviendo ahora.
—Pilar Segura

Si no me preguntan qué es el tiempo, lo sé;
pero si me lo preguntan, entonces no lo sé.
—San Agustín

La vida solo puede ser comprendida mirando para atrás.
Mas solo puede ser vivida mirando hacia delante.
—Soren Kierkegard

El futuro junto a ti era mi amigo.
Hoy que no estás, es mi gran enemigo.
—Ricardo Arjona

PRESENCIA DE UN FUTURO AYER

En el andar de mis recuerdos
me estacioné en el que más quiero...
tus besos...
Aquí está mi cuerpo,
allá se estancaron mis sueños.

Allí se pararon los vientos
que echaban a andar mi velero
y el óxido del inexorable tiempo
se ha adueñado de mi esfuerzo.

Me he estancado en tus besos,
ahí mis anhelos se quedaron presos
y la llave se perdió en el largo trecho
que recorría de tus labios a tu pecho.

Eres presente ausente
de un pasado que no pasa,
de un futuro indiferente
que se fue con la esperanza.

Eres el futuro que pudo ser
pero se quedó dormido en el ayer,
junto con toda la abundancia
que soñaba en mi infancia.

¿Dónde estás futuro de ayer?
Acaso se te olvidó crecer
o a lo mejor te quedaste aturdido,
jugando entre las cosas sin sentido.

Te he buscado en todas partes
arriba, abajo, detrás y delante;
le pregunté al ahora, al después y al antes
pero nadie sabe dónde estás
ni cómo ni cuándo vendrás.

Te busqué en las luces de los astros
en las líneas de mis callosas manos.
Rebusqué en el fondo de las cunetas
analizando los fracasos de mis metas.

Dicen que siempre tocas a la puerta
pero nunca me he dado cuenta
que después pasas por nuestro lado
para amontonarte en el pasado.

Ese ayer que una vez fue futuro
se convirtió en un hombre maduro,
por eso le pregunté: ¿Eres tú futuro?
Pero es solo la imagen en el espejo
de un hombre cansado y viejo
que no reconoce que el futuro no regresa
y a lo mejor tus labios no saben ya a fresa.

Nuestro futuro se hizo presente
pero tú y yo estuvimos ausentes,
tomó cada cual por su lado
para convertirnos en pasado.

Ya no me quedan ganas
para pensar en el mañana;
por eso, futuro, ¡ojalá! estés presente
para gritártelo de frente.

¡Yo ya no te busco; ni quiero que me encuentres!

¡Shshsh!
En verdad he dejado abierta una ventana
por si hoy quiere entrar el mañana.

MI OBRA MAESTRA

Tengo un boceto de colores y letras:
para plasmar mi obra maestra
he colocado sobre mi lienzo
mi pasión de un color intenso.

Se mezcla en mi paleta
el alma de un gran poeta.
Me sentí un Pablo Picasso
dejando el alma en cada trazo.

Tengo un color único pastel
para recitar tu piel
y en cada verso del pincel
salen metáforas de miel.

Quise declamar tu interior
con estrofas de un nuevo color,
pero me sentí en tu belleza preso
sin poder crear ni un solo verso.

Redacté toda mi vida en tu pintura
para que rimara con tu hermosura,
pero bajé mi obra del caballete
y en pedazos la tiré al retrete.
Porque tus ojos eran sordos
no hubo manera, forma, ni modo
de que pudieran escuchar mis colores
y ahora estoy embadurnado de dolores.

Pocos ven lo que somos,
pero todos ven lo que aparentamos.
—Nicolás Maquiavelo

LA OTRA PARTE DE MÍ

A usted cuyo secreto nombre solo yo lo sé
porque ni usted misma sabe que lo fue;
la otra parte de mí, la que no se ve,
esa parte oculta en la que reside usted.

Esa parte sincera que no puede salir
porque tal vez a algunos pueda herir
ese adentro, quizás, mi verdadero ser
solo debe conformarse con querer.

La amistad es una alma que habita en dos cuerpos;
un corazón que habita en dos almas.
—Aristóteles

El que busca un amigo sin defecto se queda sin amigos.
—Proverbio turco

Los verdaderos amigos
se tienen que enfadar de vez en cuando.
—Louis Pasteur

El amor nace de un flechazo;
la amistad, del intercambio frecuente y prolongado.
—Octavio Paz

No critiques a tus enemigos que a lo mejor aprenden.
—Juan Gaytisolo

No busques al amigo para matar las horas,
sino búscale con horas para vivir.
—Khalil Gibran

AMIGOS

Querido y estimado amigo:

En estos tiempos modernos donde la tecnología
está tan avanzada, parece un absurdo tomar lápiz y papel
para escribir una carta. Bastaría una llamada telefónica, un
correo electrónico o un fax y la comunicación se establecería

inmediatamente. Pero nosotros, que fuimos compañeros de estudios de Derecho, sabemos que la amenaza por escrito se castiga con más severidad que la amenaza verbal, porque esta lleva una meditación y alevosía, mientras la verbal surge de la pasión del momento. Entonces, en una conversación rápida, se podrían decir muchas cosas que en verdad son simples: algunas palabras que mueren en el aire u otras que se debieron haber dicho, pero se escondieron.

Por eso escribo esta carta aunque tenga un efecto lento; su afecto sea perenne. Y entre efecto y afecto le hago saber con letras de mi puño para que las circunstancias sean más agravantes, mi agradecimiento por brindarme su amistad. Usted ha cumplido con el único requisito para tener un amigo: ser un buen amigo.

Sinceramente;

Tomás

P.D. Para un gran amigo y ex compañero de estudios: Gustavo Martínez Vásquez

> La tolerancia es un crimen
> cuando lo que se tolera es la maldad.
> —Thomas Mann

Querido y estimado Papito:

Amigo de la infancia, amigo incondicional, Papito, como te llamaban todos, pero tu nombre real era Uilfredo. No sé si no lo sabías escribir bien o alguien pensó que era mejor sin la "w", que no se utiliza para escribir ninguna palabra en español. Por eso fue así con esta "u" para describirte como algo nacional; tan nacional como la infancia desvalida y el abuso infantil de nuestro país. Estabas tan lleno de vida, sin embargo ella te abandonó. Te quedaba tanta vida, pero no cumplió contigo. Solo quiero dejar constancia de que fuiste un amigo y hermano del alma.

Eternamente,

Tomás

SEPTIEMBRE

Ese septiembre en que mueren las flores,
se caen las hojas y se marchitan los amores...

Ese septiembre de Juan Bosch y de Allende,
ese septiembre que no responde,
que oscurece el radiante verano
y se llevó el calor de tus manos.

Ese mes tan ingrato
debería ser borrado del año,
por la partida de Neruda,
por tu amor y tus dudas.

BATALLA

Descansa, corazón, descansa, cicatriza tus heridas,
revitaliza tus energías,
toma tus dosis de tiempo y resignación
y vuelve a comandar tu batallón.

Sé que estás mal herido
pero aún no estás vencido,
detén la hemorragia de emoción,
puede gangrenarse la ilusión.

Los buitres te miran desde arriba
como futura carroña si no te animas,
vuelve a abrir tus grandes ojos
pero no te asombres del charco rojo.

Bombea la esperanza a todo el cuerpo
porque ya no hay más dosis de tiempo,
las aves de rapiña andan por el suelo
sin la intención de dar consuelo.

No dejes que sus garras toquen la tristeza,
paralizan la circulación de fortaleza.
¡Palpita por favor, corazón, palpita,
levanta tu voz, por favor y grita!

NO ENTIENDO

Si yo te quise tanto y tú también me quisiste,
no entiendo por qué no quisimos querernos.

Si yo estaba dispuesto a morir por ti
y tú dispuesta a seguirme hasta el fin,
no entiendo por qué no pudimos vivir.

Juramos amor para toda la vida,
pero, ¿cuánto dura una vida?

A ti y a mí nos une un gran abismo
de una inmensidad de amor que nos separa,
nos lanzamos al inmenso mar
sin recordar que no sabíamos nadar.

En los afanes del amor
importa el orden de llegada,
tú y yo llegamos a lugares ocupados
ocupados físicamente.

Si regresas, por favor, ven con la copa vacía,
ni siquiera con un nombre
para que no tengamos nada que contar,
para beber tu sudor y no tus lágrimas;

porque no quiero ser parte de tus penas
sino el todo de lo que deseas.

Pies... Para qué los quiero, si tengo alas para volar.
—Frida Khalo

SUEÑO

Tengo tantas cosas que decir
pero no tengo palabras,
tantos caminos que recorrer
pero me faltan pies,
tantos sueños que cumplir
pero no quiero despertar,
porque despertar
me apartaría de tus besos
y con tus besos
no necesito palabras,
ni pies, ni realidad.

Porque en la realidad
tendría palabras,
tendría pies,
tendría muchos besos,
pero no tus labios
para besar.

Ámame cuando menos lo merezca,
ya que es cuando más lo necesito.
—Proverbio chino

UNA PEÑA EN LA RIBERA

No soy más que una pequeña peña
triste, sola y olvidada en la ribera,
quien lleva la profunda pena
de saber que nadie le espera.

No hay viento que arrastre esta pena
no hay nadie que cargue esta peña
y entre penas y peñas
mi alma entera se despeña.

Antes, aquí solo había un gran vacío,
pero mis lágrimas formaron este río,
quise convertirme en cemento,
sacar de mis adentros todo sentimiento.

Preferí convertirme en roca
a vivir sin besar su boca.

Si mis lágrimas desbordan este río
y te toca venir en mi auxilio
si TOMAS la PEÑA de la RIBERA
por favor llévame donde está ella,

para no seguir desbordando el río,
para cerrar el cauce de mi martirio.

SIN PAPELES

En nuestro teatro cayó el telón;
no hay público para otra función;
este es el punto final de nuestra histeria,
no añadamos otro párrafo a esta historia.

Realizamos la última escena
de una obra que no valió la pena;
hagamos a un lado todos los maltratos
y dejemos cerrado nuestro teatro.

Fuimos actores de una obra vacía,
sin color, sin vida y sin melodía,
donde el amor no fue la idea central
y el dolor era la trama principal.

En el libreto la realidad no existía,
solo tu gran fantasía persistía,
te creías la gran única actriz
actuando de diosa o de lombriz.

¡Adiós! Realiza tus monólogos.

El tiempo y el olvido son las únicas cosas
que nunca tienen fin.
—José Ángel Buesa

Es tan corto el amor y tan largo el olvido.
—Pablo Neruda

OLVIDO Y RECUERDO

Debo recordar no recordarte,
olvidar que te recuerdo,
pero entre recuerdos y olvidos
siempre recuerdo
que no es voluntario el olvido
y se olvidan las cosas sin sentido.

Peleo a diario con tu recuerdo,
le digo que se vaya,
pero no se va;
le digo que se calle,
pero grita más,

y entre mis dudas y certezas,
te llevaré conmigo
a pesar de que me pesas.

LA PARTIDA

¡Que se reúna un gran concejo!
Hoy necesito un buen consejo
o más de uno, tal vez cien
de cómo sacarla de mi sien.

No vio que cuando partía
mi vida entera la partía,
olvidó todo lo que fue
cuando de repente se fue.

Me echó de su vida fuera
sin importar lo que antes fuera.
Me pregunto qué habré hecho
para provocar este hecho.

No dio la atención debida
a una situación de vida,
ahora me ahogo en vino
para pensar que esto no vino.

Cuánta felicidad viví a su lado,
sus ojos teñían el mundo azulado,
ahora hay una inmensidad de espacio
que me llena de dolor bien despacio.

Sueño con su regreso a cada hora
por eso mi alma a escondidas ora,
porque para olvidarme de su adiós
hasta me he encomendado a Dios.

Pero el amor, como todo, pasa
y se arruga como una pasa,
llegando de lo infinito a cero,
tornando el corazón en acero.

Toda mi foresta la serró
y con cada árbol que cayó
la puerta de la dicha se cerró
y en mis adentros todo calló.

Quisiera encontrar aquella ola
que se llevó su dulce hola
y sin compasión mi alma asola
con el agravio de estar a solas.

Mientras más a su amor me asía
mucho más daño me hacía.

Pero qué puedo yo hacer
para que todo vuelva a ser,
olvidarme de su partida
y jugar solo esta partida.

MI PUNTO DE VISTA

Cuando estoy contigo,
pestañar es un desperdicio,
puedo tener los ojos abiertos
y si no estás solo veo desiertos.

Tu imagen me obstruye ver el mundo,
me produce una miopía en la razón,
me deja un astigmatismo tan profundo
que solo puedo ver con el corazón.

He cambiado mi visión 20/20
por la ceguera de verte y verte.

Eres los antojos de mis ojos,
la única rutina de mi retina,
la catarata de mis remojos,
la maestra de mi pupila.

Eres el arco de mi iris,
el color que prefiere mi niña,
la hipermetropía de mi vida
la córnea de mi ideología.

Amor ciego a primera vista
eres mi único punto de vista.

El amor es la mejor música en la partitura de la vida.
Sin él, serás un eterno desafinado
en el inmenso coro de la humanidad.
—Roque Schneider

NUESTRA SINFONÍA

Hay un pentagrama de sonidos
escrito solo para nuestros oídos,
es una grandiosa partitura
que suena con mi mano en tu cintura.

Tiene acordes suaves de piano
que solo saben tocar tus manos,
lleva melodías de guitarra y de violín
hecha para nuestro amor sin fin.

Este poema tiene su música escondida:
una sinfonía de amor para toda la vida.

CON SABOR A MARGÓ

He tratado de quitarme ese sabor amargo
que me dejó Margó;
fue demasiada agua para mi azúcar,
me disolví en su líquido sin que lo notara.
Pensé qué Dulce podía sustituirla,
pero no pudo endulzar mis amarguras
y continué con el sabor a Margó.
Le pedí a Milagros que me ayudara
pero no pudo quitar la fragancia,
seguí con el sabor a Margó;
le rogué a Esperanza, quien me habló
de Amparo, pero seguí desamparado.
Esperanza se marchó sin dejar rastros,
Caridad ni a mirarme se dignó
de la misma forma Piedad me trató,
Dolores y Soledad me han dado todo su abrigo
pero el sabor a Margó
conmigo se quedó.

TUS OJOS

Quiero recostarme en la orilla de tus labios
para contemplar la puesta de tus ojos,
nadar en el mar de tus sudores
y admirar el oleaje de tu vientre.

Me dejaré secar con tu respirar,
me sacaré con tu lengua toda la sal
y andaré tus llanuras y cordilleras
hasta cada hebra de tu cabellera.

Te recorreré de sur a norte
sin que el tiempo importe
para recostarme otra vez en tus labios
arropado por un gran cansancio
para cuando bajen tus párpados
y le den paso al crepúsculo.

La felicidad de la abeja y el delfín es existir.
La del hombre, es saber eso y maravillarse.
—Jacques Cousteau

Vivir en la tierra es caro, pero incluye un viaje
alrededor del sol cada año.
—Anónimo

El que busca el cielo en la tierra
se ha dormido en la clase de geografía.
—Stanislaw Jerzy

MI PATRIMONIO

Cargo conmigo todas las cosas que tengo,
son inmensas y no se pueden empacar,
sin embargo son tan ligeras que no pesan.

Llevo conmigo el sol, el aire, la luna, la lluvia y las estrellas;
es una herencia familiar y nadie me las puede quitar,
embargar o cercar.

El título de propiedad está en mi partida de nacimiento,
es un patrimonio de mi Padre que me ha transmitido como su
amado hijo.

Si no llevo su apellido es porque Él no tiene.

La verdad es que soy hijo del Padre de todos
lo que hace a todos propietarios de lo que tengo
pero a diferencia de muchos, yo reconozco mi riqueza.

CON SANGRE

Escribo cosas que terminan borradas o van a parar a la
basura.
Pero tu nombre que una vez intenté borrar,
no pude hacerlo porque se escribió con tinta indeleble.

Quise escribir algo, pero solo me salía tu nombre,
traté de separar el bolígrafo del papel,
pero se resistía, parecía tener vida propia.

No pude incluso separarlo de mis dedos,
se había hecho parte de mi cuerpo.

Él seguía diseñando en tinta azul tu preciado nombre,
la única palabra que existía en su glosario.

La pluma empezó a fallar y su tinta era escasa,
al fin se acabaría mi desgracia,
pero mi alegría fue efímera
cuando de azul, tu nombre se plasmó en rojo.

¡Pánico al rojo vivo! Mi cuerpo languidece,
solo la prótesis del bolígrafo tiene fortaleza
y continúa escribiendo tu nombre sin piedad,
sin misericordia.

A punto de cerrar los ojos grito tu nombre
y por arte de magia el bolígrafo se va de mis manos.

Entendí cómo necesitaba expulsar tu nombre
que se coagulaba en mi alma y me obstruía
la garganta.
Eras humo buscando una salida.

El bolígrafo solo fue el catéter
para saber que el dolor
solo se cura con dolor;

que no podía ocultar más tu nombre,
por eso te expulsé con la única tinta
que se podía escribir: con sangre.

Pero cuando pierda la memoria,
estará la indeleble sangre roja
en el papel, para recordarte.

NO MÁS SERVILLETAS

He desperdiciado servilletas
tratando de dibujar su silueta,
otra gran cantidad con poemas
con ella como el único tema.

Camino entre la gente
para crear algo diferente,
con un cigarrillo miro al techo
para pensar en algo que no hay hecho.

Pero todo se traslada y rota
en torno a sus ojos y su boca,
elevo mi pensamiento al infinito
pero la gravedad me tumba a su laberinto.

Me alejo de las servilletas,
no quiero ser poeta,
ya no pienso ni escribo,
ya no respiro, ya no vivo.

LA TRISTE VIDA DE UN HOMBRE ALEGRE

Por si alguien, algún día
intenta escribir mi biografía,
lo único cierto sería
que nací en una noche fría.

De esas frías noches de diciembre
¡Pero no, no nací en un pesebre!
Nací pobre, pero en una cuna
con mucho amor y todas mis vacunas.

Pero no me inmunizaron contra el amor;
el mismo virus que causa el desamor,
el amor que deshabilita la razón,
el que tuberculiza el alma y el corazón.

Escriban que fui un triste hombre
con una vida alegre, aparentemente,
quien nunca dijo el nombre
del virus que lo llevó a la muerte.

Que no autorizó ninguna autopsia
ni se intente nunca una necropsia
para que todo intento de biografía
se quede como una obra vacía.

Porque la página central es una fantasía
que nadie, absolutamente nadie, conocía.

Yo nunca olvido una cara, pero en el caso suyo
con mucho gusto haré una excepción.
—Groucho Marx

DEPREDADOR O PRESA

¡Su belleza, su inmensa belleza!
La gran carnada para la presa
tiene una hermosa cara
pero es una descarada.

Le fascina cazar animales,
sean domésticos o salvajes,
prefiere los que tienen amo
porque ya están domesticados.

Cuando el animal va a buscar un beso,
cae a un profundo abismo sin regreso
y su cabeza va a parar a su colección
colgada en la pared de su salón.

Pero los juegos traen sorpresas
y de depredador puede pasar a presa
si encuentra un animal salvaje
que no obedezca a su belleza ni linaje.

POR ÚLTIMO

Todo está dicho o hecho
solo hay que transformarlo
para que sea nuevo.

Quiero transformar un "te quiero...".

NON NOVA SED NOVE.

La editorial Cambridge BrickHouse, Inc.
ha creado el sello CBH Books
para apoyar la excelencia en la literatura.
Publicamos todos los géneros, en todos los idiomas
y en todas partes del mundo.
Publique su libro con CBH Books.
www.CBHBooks.com

De la presente edición:
Una peña en la ribera,
por Tomás Peña Rivera
producida por la casa editorial CBH Books
(Massachusetts, Estados Unidos),
año 2009.
Cualquier comentario sobre esta obra
o solicitud de permisos, puede escribir a:
Departamento de español
Cambridge BrickHouse, Inc.
60 Island Street
Lawrence, MA 01840, U.S.A.

OTRAS OBRAS PUBLICADAS POR CBH BOOKS

Anywhere, Anytime   I. P. Leyra
Un Pacto con Dios y Su poder en mi vida   J. Alzamora
Planeta i …Tino, el inglés y el internet   Tulio M
Mixú   E. Heredia
La reina del Pacífico   M. Miralles
La historia ante el espejo   H. Herrera
Allende/Pinochet (Versión en Inglés)   P. Turton
Ángeles en guerra   E. Tornelli
The Origin of the Universe and Life   R. O. López
El libro que nunca debió escribirse   J. A. González
Loss of Vision in the Modern World   J. R. Georges
Minutos   J. M. Suárez
Tríptico Poético   J. Jaramillo
Las astillas del sándalo   É. Emáel
Así somos   E. Lehman
La diferencia entre la gente de éxito y la común   A. Mata G.
Un poco de vida   G. López
Elementos de gramática española   S. Becerra
El secreto de mi padre   M. Pedrolo
Mujer, Reina por obra de Dios   N. Hernández
Pasajeros en el tiempo   V. Monje
Olga   T. Herrero
Tatuajes de la infancia   D. Domínguez
Cuentos de don Cantalicio   E. S. Ferrada
El diccionario mágico   F. Cantos